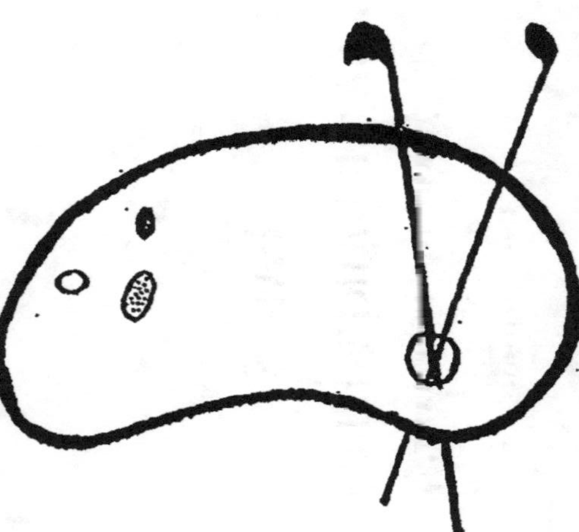
Couverture inférieure manquante
DEBUT D'UNE SERIE DE DOCUMENTS
EN COULEUR

A. DESPRÉS

La Réaction

PAR LA

République

PARIS

A LA LIBRAIRIE ILLUSTRÉE

7, RUE DU CROISSANT, 7

Tous droits réservés

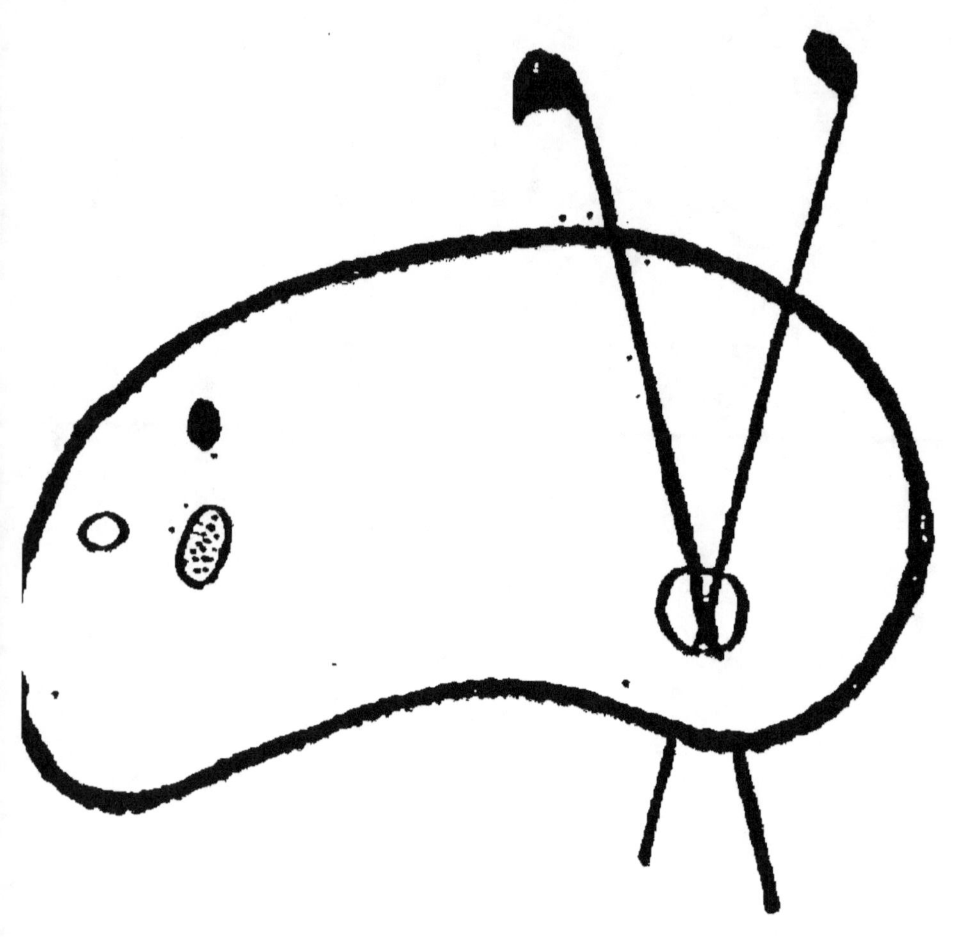

FIN D'UNE SERIE DE DOCUMENTS
EN COULEUR

LA RÉACTION

PAR

LA RÉPUBLIQUE

A. DESPRÉS

LA RÉACTION

PAR

LA RÉPUBLIQUE

PARIS

A LA LIBRAIRIE ILLUSTRÉE

7, RUE DU CROISSANT, 7

S'il est pénible pour ceux qui gouvernent d'avouer les fautes de la République, s'il répugne aux hommes politiques de prononcer certains mots, ce rôle peut être accepté par un Républicain, modeste serviteur de la Ville de Paris. On pardonnera toujours la liberté du langage à ceux qui disent la vérité à leur parti, à ceux qui disent tout haut ce que d'autres pensent tout bas.

Dr Armand **DESPRÉS.**

Conseiller municipal.

LA RÉACTION

PAR

LA RÉPUBLIQUE

I

Voilà dix-huit ans que la République est le gouvernement de droit et de fait dans notre pays. Les républicains ont été et sont encore aujourd'hui maîtres des destinées de la France. Ils ont eu l'initiative et le mérite de ce qui a été fait de bien, autant qu'ils sont responsables des maux qu'ils ont pu causer. Sur ce point, la République n'a agi ni mieux ni plus mal que les Gouvernements qui l'ont précédée. Mais comme tout être humain possédant une autorité presque absolue, le Gouvernement collectif, qui a tenu le pouvoir et qui eût dû se montrer plus sage, a abusé de sa puissance : il a commis de lourdes fautes. Et, suivant l'inéluctable loi de la mécanique appliquée aux faits politiques, il faut, sous peine de perdre l'équilibre, que le gouvernement de la République porte tous ses efforts en sens inverse de ses erreurs passées. Il faut qu'il répare ses fautes... ou qu'il périsse.

Les grosses fautes qu'a commises la République, il faut bien s'entendre, ne sont pas celles que, dans les journaux et dans les coulisses du Parlement, les partis politiques aiment à se reprocher les uns aux autres. Ce ne sont point des fautes de tactique politique ou des fautes de politique extérieure ; notre situation européenne nous commandait trop de prudence et de réserve. Ce sont des fautes dans l'administration intérieure de la France et qui atteignent les citoyens français dans leurs œuvres vives. C'est, sans parler de l'embarras croissant de nos finances, un ensemble de mesures vexatoires imprévoyantes, bagage ordinaire des politiciens de profession, et dont aucun homme d'État n'a eu jusqu'ici le courage d'empêcher l'exécution.

L'heure de la réaction a sonné. Il ne dépend de personne de s'opposer à cette réaction qui, depuis deux ans, s'impose avec une persistance qui n'échappe à aucun esprit avisé. Et ce ne sont ni les formules à grand effet, ni les mots ambitieux de *revision*, ou de *marche en avant et à gauche* qui changeront quoi que ce soit au penchant du grand public. La réaction est là, fatale comme l'échéance d'un billet à ordre; aveugle qui ne le voit point.

Tant que le gouvernement de la République a été un gouvernement réparateur; pendant qu'il a refait notre armée et notre matériel de guerre, il a eu, sinon l'affection, du moins le respect de tout le monde. On lui savait gré des difficultés de ses commencements, et les ennemis de la République étaient réduits à l'impuissance. Mais le jour où la République a fait passer le souci de la politique de parti avant le soin des intérêts de tous, les adversaires de la République ont relevé la tête et ont vu grossir leurs rangs de tous les mécontents que nous avons faits.

Il est inutile de rappeler ici l'histoire de ces dix dernières années. La victoire de la République sur la coalition monarchique en 1877 ; le triomphe des 363 et 6.000.000 suffrages qui ont solidement assis la République parlementaire; l'erreur qu'a commise Gambetta en laissant transformer cette victoire en une revanche du 16 mai et une persécution plus ou moins occulte et certainement intéressée contre ceux qui de près ou de loin y avaient été compromis, au lieu de laisser la porte ouverte à toutes les bonnes volontés ; la guerre à la religion du petit sous prétexte d'abattre le cléricalisme ; l'empressement dangereux à appliquer des mesures bonnes en elles-mêmes sans le concours du temps ; un accroissement prodigieux des dépenses de l'Etat et des communes eutraînant un malaise progressif dans les affaires ; puis,pour avancer encore, sans doute,dans le mauvais chemin, la capitulation lente mais continue des républicains de gouvernement devant les injonctions d'une minorité radicale et socialiste bruyante, qui n'a pas réuni plus de 1.000.000 de suffrages aux élections de 1885 ; un Conseil municipal de Paris à qui tout a été peu à peu permis, au mépris de toutes les lois, et qui sous prétexte d'autonomie communale ne rêve rien moins que le gouvernement de Paris, c'est-à-dire le gouvernement de la France ; personne n'ignore ce passé, pas même ceux qui ont mis, peut-être à regret, la main à ces entreprises ou qui sont coupables de ces faiblesses.

De conséquences en conséquences et

pour ne point perdre la clientèle du radicalisme, le chef du pouvoir exécutif en
est arrivé aujourd'hui à accepter un
gouvernement formé de radicaux qui ne
représentent guère plus de 120 députés
à la Chambre et 1.000.000 d'électeurs
en France sur les 9 millions qu'elle
possède.

L'administration faite à l'image de ce
parti exagère encore en province les
erreurs du pouvoir central et gouverne
les départements au profit d'une minorité de républicains radicaux contre la
majorité des autres électeurs républicains ou non. Faut-il rappeler encore
qu'aux dernières élections de la Côte-
d'Or et de l'Isère le candidat radical n'a
pas été nommé par plus du tiers des
électeurs. Malgré la pression officielle
qui, quoi que l'on en dise, a encore une

action, les majorités relatives obtenues par les candidats de choix ont été très faibles, et l'on peut dire au total que chaque département, à quelques exceptions près, est gouverné pour la minorité sans aucun souci de la majorité. Il n'est pas douteux du reste qu'au dernier scrutin de ballottage de l'Isère l'apui du gouvernement, si faible qu'il ait été dans le département, a néanmoins fait pencher la balance du côté du candidat le plus radical. Cette étrange anomalie n'est d'ailleurs pas nouvelle. Les Préfets même avant l'avènement du ministère radical et grâce à l'abandon des précédents ministres de l'intérieur ont presque tous reçu de longue date l'investiture radicale.

On l'a dit, on l'a répété : *On ne gouverne qu'avec son parti.* C'est sans doute pour cela que la France possède tant de préfets de parti. Voilà en effet quatre mois que le ministère radical est au pouvoir, il n'a dû changer aucun préfet : ils faisaient tous son affaire. Ils étaient donc déjà acquis au radicalisme, envers et contre tous les citoyens modérés qui forment le fond de la nation française.

De tant d'erreurs, il est résulté que la France est gouvernée par un parti qui est en minorité dans le pays. Et comme toutes les minorités au pouvoir ne parviennent à se maintenir que par la terreur, la persécution et les prodigalités, il s'est trouvé que la masse persécutée s'est révoltée, et que les faveurs distribuées aux amis et aux flatteurs des radicaux, tout en satisfaisant des appétits, ont indisposé un peu partout la grande majorité des citoyens qui ne voulaient point se laisser imposer le *credo* radical.

Et comme si les alarmes secrètes de la majorité des Français sur ce point n'étaient pas suffisantes nous assistons au spectacle d'un ministère radical, approuvant ouvertement une coalition d'anciens modérés repentants avec des radicaux et des socialistes prêts à tout, disent-ils, pour sauver la République, lui prêtant un appui moral en échange d'une apparence de popularité dans les milieux extrêmes, et s'apprêtant à verser avec ces nouveaux amis dans le parti révolutionnaire et anarchiste, comme le parti radical a versé dans le parti socialiste : les minorités finissant d'ordinaire par la violence et les excès.

A cette heure critique, deux prétendants se dressent en face de la République, et viennent lui faire échec.

La monarchie ! encore une minorité en France. Un état-major sans soldats et qui n'a guère recruté de nouveaux électeurs que ceux que nous avons éloignés de nous, et qui ne sont pas encore monarchistes... à supposer qu'ils le deviennent.

Enfin une personnalité connue, un général mis en évidence, jadis par le parti radical, à qui tout a réussi, la réclame banale de ses amis aussi bien que les attaques des républicains, et qui tout en recueillant une grande notoriété, grâce au vote du service militaire de trois ans, et à l'expulsion des princes d'Orléans et des Bonaparte et à leur radiation des cadres de l'armée que les radicaux auparavant n'avaient pu faire

passer à eux seuls, n'a pas manqué de
rassurer en même temps les légions de
citoyens qui croient encore à l'efficacité
de la protection du gendarme et au pres-
tige du sabre pour combattre les révo-
lutionnaires. Cette personnalité est dans
son rôle : les événements l'ont faite.
Mais ce n'est pas son mérite, si réel qu'il
puisse être dans son métier, qui lui
donne une grande puissance, ce sont les
fautes que la République a accumulées
depuis trois ans. Et ce qui rend encore
plus dangereuse la popularité du général
Boulanger ce sont les menées et les
manifestes du parti monarchique. Car le
drapeau de la monarchie relevé ouvertement repousse du côté d'une dictature
à étiquette républicaine ceux qui ne veulent point de changement dans la forme
même du gouvernement. De la sorte,

c'est un général Boulanger quelconque qui menace le plus les institutions républicaines et le personnel gouvernemental actuel.

Aujourd'hui, comme en 1851, le dilemme finira par se poser de la même manière : ou la Commune ou le Césarisme. La monarchie n'est en effet qu'un appoint. En dépit de leurs prétentions et de leur activité les groupes de droite de la Chambre ne resteront qu'au second plan. Sans doute, en haine de la République, et parce qu'ils y seront obligés par leurs idées conservatrices ils voteront contre les hommes de désordre, et à un moment donné ils voteront pour le césarisme, mais tout leur effort se bornera là. La France, avec son suffrage universel, a pris depuis quarante ans d'autres mœurs. La France est un pays démocratique, et dans la démocratie il y a deux formes extrêmes, également détestables: la démagogie et le césarisme. Ni l'une ni l'autre forme ne touchent à notre démocratie parlementaire qui est la République des gens éclairés, mais c'est encore de la démocratie. Les monarchistes à cet égard ne devraient plus nourrir d'illusions. Avec le suffrage universel la monarchie n'est plus possible.

Si le pays ne veut pas de la république parlementaire il ne choisira que la démagogie où le césarisme. La démagogie n'a point un long avenir et sa durée ne peut être qu'éphémère. Elle est comprise dans les grandes agglomérations des villes pleines de déclassés, mais elle est un épouvantail pour 34.000 communes en France. La Dictature ou le Césarisme au contraire est accessible à l'esprit du moindre paysan. C'est une solution simple, trop simple! Et le peuple traduit ainsi son besoin d'être gouverné en se livrant à un homme. Mais ce n'est pas par amour pour cet homme qu'il sacrifiera ses libertés, c'est parce qu'il espérera obtenir de lui la réaction contre les excès dont il souffre. Alors quand il faudra se prononcer entre la Commune et le Césarisme la majorité des Français n'hésitera pas, elle ira droit à la solution qui l'effraiera le moins, elle ira au plus pressé. Et toute tentative de résistance des violents contre la dictature, aura pour effet immédiat de rejeter encore du côté du Césarisme un plus grand nombre de citoyens. La dictature sera établie d'une manière ou d'une autre et la réaction commencera. Je ne parle pas de l'éventualité des événements extérieurs, ce sont là des inconnus. Tout ce que l'on peut dire c'est que les complications extérieures ne sont redoutables que pour les pays gouvernés par des hommes de parti et qu'il ne faut pas laisser nos destinées livrées au gouvernement de parti auquel le Parlement paraît s'être résigné.

La réaction avec un changement d'institution, avec un changement brusque, c'est-à-dire violent au fond, dépasse toujours le but. Le Césarisme suivra sa destinée. Comme en 1851, il recueillera d'abord des adhésions de monarchistes et même de républicains. Et, puisqu'il est naturel que les apostasies rendent les hommes plus cruels envers leurs anciens coreligionnaires que les césariens de la première heure, la France assistera à une nouvelle et formidable hécatombe de fonctionnaires, de magistrats et même de généraux, puisque l'exemple en a été donné. La religion, persécutée aujourd'hui, persécutera demain, et l'on verra encore les mêmes hommes, si complaisants aujourd'hui envers les radicaux, obtenir des avantages de leurs nouveaux maîtres en accablant de leurs duretés ceux qu'ils ont si longtemps flattés. C'est la loi de la nature ; personne ne pourra rien contre de pareils retours.

Ce sera la réaction brutale, rendue plus odieuse peut-être à cause du vieux levain des rancunes personnelles, et de l'éclosion tardive de vanités triomphantes, vouées depuis des années à l'obscurité. C'est-à-dire, à part la violence contre les personnes, une sorte de terreur blanche où nous verrons peut-être périr avec la liberté les réformes utiles qu'a accomplies la République pendant ces dix-huit années!

La réaction par la République, sans revision de la Constitution et avec le personnel gouvernemental actuel, aurait-elle le même caractère et les mêmes dangers? Toute la question est là.

II

Le pays veut la réaction et il l'aura d'une manière ou d'une autre, bons ou mauvais soient les moyens; il l'attend et fera tout pour arriver à ce but, chaque fois qu'il sera appelé à donner son avis: témoin les élections municipales dans les petites communes de France. Témoin la dernière élection du Nord.

Une parole sincère, un acte viril peut, à la fin de chaque gouvernement, sauver la situation. La République, aujourd'hui compromise, n'a point d'héritier

à pourvoir, point de don de joyeux avènement à assurer à son successeur. Elle
est libre de prendre des résolutions
hardies, de revenir sur son passé, de se
déjuger même lorsqu'il y va de l'intérêt
de tous. La République ne doit pas
avoir peur des mots : qu'elle fasse elle-
même la réaction, qu'elle la fasse loyale,
mesurée et jusques aux limites où il est
raisonnable de s'arrêter. Ce sera la meil-
leure réforme, parce que c'est la plus
urgente. Que le gouvernement mette de
l'ordre dans les finances et que, par ses
agents, il ramène ceux qui se détachent
de la République. Qu'il fasse cesser des
persécutions mesquines et indignes d'un
gouvernement libre, qu'il mette un terme
à des flagorneries plates envers les partis démagogiques et que ne demandent
pas les véritables travailleurs, et toute

la clientèle des monarchistes et des césariens sera réduite aux seuls Français
que d'anciennes relations de fidélité,
honorables d'ailleurs, rattachent encore
aux régimes déchus.

Que la République donne des gages
à la nation ; qu'elle lui apporte un
budget d'économies sages résolument
voulues, et des tempéraments à l'exécution intégrale de la nouvelle loi sco-
laire là où les circonstances et les milieux ne permettent pas une application
immédiate ; qu'elle cesse de menacer
les consciences et ne parle plus d'une
séparation de l'Eglise et de l'Etat qui
serait dangereuse à l'intérieur et désas-
treuse pour notre politique extérieure,
et l'on peut lui prédire un gain du tiers
des électeurs dans chaque collège.
Lorsqu'un ministère exposera sincère-

ment ce programme et s'entourera d'honnêtes gens pour l'exécuter, le pays comprendra, il suivra ce nouveau gouvernement et il n'y aura plus d'aventures à courir. Il importe peu que ce soit un ministre plutôt qu'un autre ; mieux vaudrait cependant que ce fût un homme modéré qui n'eût pas de passé compromettant.

Mais si par un fatal égarement inattendu chez des hommes qui ont notre confiance, dont nous avons toujours soutenu la politique républicaine, ceux enfin qui par leur expérience et leur savoir sont destinés à faire contrepoids aux exagérations des partis extrêmes et qui sont encore en grand nombre au Sénat et à la Chambre croient conjurer le péril en s'unissant aux radicaux plus ou moins socialistes, la dictature

est faite et elle est faite contre la République. Et de toutes les fautes qu'a
pu commettre la république, ils auront
à se reprocher, un jour, la plus fatale
et la plus incompréhensible. Il y a plu-
sieurs manières d'être malade, il n'y en
a qu'une de mourir. Trop de sécurité
hante l'esprit des républicains ! Comme
en 1851, ils ne veulent pas voir qu'il
ne s'agit point d'un homme, d'un parti
aspirant à la dictature, mais bien d'une
situation politique intérieure révélant
une souffrance matérielle et morale de
la grande masse de la nation française,
souffrance périlleuse à laquelle nous
avons l'impérieux devoir d'apporter
un remède.

Le pays ne veut pas aller où on le
conduit. Il se sent mal à l'aise, et il dit :
« Changeons, nous ne pouvons pas être

2.

plus mal que nous ne sommes. » Un homme se présente avec un projet de changement. Les électeurs s'y attachent, le suivent, et lui donnent ainsi une force qui croît en raison inverse de leur plus grand détachement pour le personnel gouvernemental actuel. Rendons-lui donc, à ce pays si docile, qui ne se révolte que quand on a lassé sa patience, rendons-lui donc, à ce pays, une confiance qu'il est prêt à donner, comme il la donnera toujours à ceux qui lui parlent sincèrement, et faisons la réaction sage et pondérée à laquelle il aspire. N'entretenons plus chez lui des idées de revision de la constitution républicaine qui ne sont chères qu'aux ennemis de nos institutions.

Ne leurrons plus les républicains avec des programmes ambitieux qui, sous

couleur de socialisme, semblent vouloir
réglementer tout, depuis les soins que
le père donne à son nouveau-né, jusqu'au travail du moindre artisan, et qui
ne tendrait rien moins qu'à couler dans
un même moule tous les esprits, tous les
courages et toutes les initiatives. Dé-
barrassons-nous de la chimère de l'uni-
formité socialiste ; rappelons au peuple
que la France est encore la nation où,
de si bas qu'il soit parti, le citoyen
libre puisse s'élever si haut. Et la
République vivra.

Tous les gouvernements, au jour dé-
cisif, sont tombés parce qu'ils n'ont pas
réparé leurs fautes. Et l'histoire a mon-
tré qu'au moment de la chute, le bon
sens public avait bien compris l'effort
qu'il eût fallu faire pour l'éviter. Quel-
quefois même, des hommes ont dit à

intelligible voix quels actes réparateurs
étaient nécessaires au salut, mais toujours, au dernier moment, la franchise
ou le cœur ont manqué à ceux qui déte-
naient le pouvoir. En 1815, l'acte addi-
tionnel à la constitution de l'Empire
fut incomplet. L'adjonction des capa-
cités, proposée à la fin de la monarchie
de Juillet, n'était qu'une solution ap-
prochée. L'empire libéral, en 1869, et
le rétablissement de la tribune au Corps
législatif, n'ont été qu'une demi-me-
sure. Il fallait alors, loyalement et au
prix de tous les sacrifices, rétablir les
libertés nécessaires. Les gouvernements monarchiques n'ont point su le
comprendre! Que ces leçons ne soient
pas perdues!

III

Le but à atteindre est connu, reste à étudier par quel moyen la République arrivera à gouverner au gré de la majorité des Français.

Si, comme cela est probable, le Parlement actuel est acculé à une dissolution, et si les élections générales ont lieu au scrutin de liste, grâce à la furibonde course au clocher dans laquelle les partis monarchistes, césariens, radicaux, socialistes et autres chérchent à arriver premier pour la revision de la constitution, il n'est pas besoin d'être grand devin pour prévoir des élections générales plébiscitaires, c'est-à-dire l'élection de l'homme le plus connu de France, avec ses queues de liste dans vingt-cinq ou trente départements. C'est, le lendemain, la lutte finale entre le radicalisme versé dans la Commune, et le Césarisme : c'est le triomphe dé la dictature.

A supposer que cette éventualité ne se réalise pas, c'est encore une fois un parlement divisé en trois partis : un parti républicain amoindri, un parti monarchique et un parti césarien. Ce sont les aventures, et toujours la dicta-ture au bout.

Mais si les républicains d'extrême-gauche, si les républicains socialistes ont assez l'amour de la République et de la liberté pour sacrifier la réélection de la moitié d'entre eux, il est possible d'obtenir à la Chambre 300 voix pour le rétablissement du scrutin d'arrondissement : la Chambre, alors, peut avoir le patriotisme de s'en aller. Dans ces conditions, la lutte des partis, disséminée dans 480 circonscriptions, perdra de sa gravité et, comme il y aura un plus grand nombre de combats singuliers, il y a des personnalités qui, ne pouvant être partout à la fois, laisseront aux célébrités et aux probités locales une place qu'il sera difficile de leur ravir.

Il n'y aura plus d'élections plébiscitaires : et chaque candidat s'expliquant devant un nombre restreint d'électeurs, pourra mieux comprendre les vrais sentiments du pays, et en apporter au Parlement une reproduction fidèle.

Je mets les choses au pis, j'admets même que sous le titre de conservateurs 300 monarchistes et césariens déguisés soient élus. Une fois au pouvoir, même avec un ministère à eux, ils ne feront rien que la République, comme l'Assemblée de 1871 n'a fait rien que la République. Dans l'impossibilité de prendre en commun un trône où il n'y a de place que pour un seul, ils ne pourront achever qu'une tâche, celle pour laquelle ils auront été préférés à des républicains plus ou moins avancés, c'est-à-dire la réaction! Ils mettront de l'ordre dans les finances de la République, rassureront les intérêts et les consciences et seront obligés de gouverner avec probité.

Puis, comme il est dans la logique des faits que les gouvernements répa-

rateurs dominent les électeurs et exer-
cent sur les élus une action salutaire,
un assez bon nombre de conservateurs
qui ne sont monarchistes que par né-
cessité, accepteront enfin la République
et constitueront cette droite républicaine dont la formation est souhaitée
par tant de bons esprits. Toute tentative
de restauration serait alors de fait para-
lysée, et d'ailleurs, grâce au jeu régulier
de nos institutions, le président de la
République et le Sénat y feraient un tel
obstacle, qu'il faudrait un coup d'État
pour atteindre la République.

D'un autre côté, les républicains se
disciplineraient, et, en vertu de cette
loi du progrès qui veut que les réformes
ne passent dans les institutions que
quand elles sont déjà dans les mœurs,
les républicains radicaux, tout en com-

battant les excès de réaction, prépare-
raient, avec l'assentiment de la nation,
des projets de réformes plus mûris que
ceux qu'ils présentent aujourd'hui, et
pourraient reprendre à leur tour la di-
rection des affaires pour les conduire
désormais avec plus d'esprit de gouvernement qu'ils ne l'ont fait jusqu'ici.

Si la France, au contraire, nomme
une majorité de républicains de gouvernement, tout est pour le mieux : ceux-ci
pourront garder le pouvoir tant qu'ils
gouverneront bien et consolider la République, *la République ouverte à tous,*
en faisant cette réaction nécessaire et
mesurée qui est la volonté de la majorité des Français.

PIÈCES A CONSULTER

Les élections une fois terminées, les élus n'aiment guère à rappeler le nombre de leurs suffrages, de là vient une certaine ignorance des élections même récentes. Ces souvenirs cependant sont de ceux qu'il importe le plus de garder, car ce sont les documents de la politique expérimentale.

Elections complémentaires du département de la Seine.

RENOUVELLEMENT DE LA CHAMBRE

(1885)

Au premier tour de scrutin, le 13 décembre 1885, aucun des candidats n'ayant obtenu la majorité exigée par la loi, un second tour de scrutin a été nécessaire.

Il a eu lieu le 27 décembre 1885 et a donné les résultats suivants :

Inscrits, 561.617.

Votants, 347.089.

Bulletins blancs et nuls à déduire, 2.227.

Suffrages exprimés, 344.862.

Ont obtenu :

MM.	Voix.
Labordère, radical.	162.715
Maillard, radical.	161.225
Millerand, radical.	159.957
De Douville-Maillefeu, radical. . .	158.281
Achard, radical.	157.448
Brialou, radical.	154.610
Déroulède, républicain.	104.191
Ranc, républicain.	97.184
Greppo, républicain.	95.518
Devès, républicain. . . . :	94.605
Muzet, républicain. . , ...	94.487
Léveillé, républicain.	94.025
Hervé, réactionnaire.	83.541
Du Barail, réactionnaire.	82.815
Cochin, réactionnaire.	82.679
Calla, réactionnaire.	82 592
Ferdinand Duval, réactionnaire. .	82 087
Vacherot, réactionnaire.	81.389

A Paris même, ces chiffres le prouvent , les
députés radicaux socialistes n'ont pas eu la
majorité et n'ont été nommés qu'à la majorité
relative.

Election des Hautes-Alpes.
(26 février 1888)

Inscrits, 30.913.

Votants, 23.907.

MM.	Voix
Flourens, républicain.	12.601
Euzières, radical.	11.036
Boulanger, plébiscitaire.	123

Election du Loiret.

(26 février 1888)

Inscrits, 103.397.

Votants, 79.365.

MM.		Voix.
Augère, républicain. . . . . . (Élu).	41.603
Fernand Rabier, républicain. (Élu).	40.755
Brière, réactionnaire.	33.955
Dumas, réactionnaire.	32.702

Election de la Marne.

(26 février 1887)

Inscrits, 118.781.

Votants, 74.112.

MM.	Voix.
Bourgeois, radical de gouvern. (Élu).	48.050
Général Boulanger, plébiscitaire. . .	16.107

Election de Maine-et-Loire.

(26 février 1888)

Résultat au premier tour.

Inscrits, 150.188.
Votants, 104.306.

MM.	Voix.
De Lacretelle, réactionnaire.	61.782
R. David d'Angers, républicain. . .	29.542
Général Boulanger, plébiscitaire. .	12.015

En 1873, ce département avait élu au scrutin de liste M. Maillé, républicain, avec plus de 100.000 voix. Depuis 1881, ce département n'a envoyé que des députés réaction naires.

Election de la Loire.

(26 février 1888 ; deux députés à nommer)

Résultat au premier tour.

Inscrits, 153.078.

Votants, 59.529.

MM.	Voix.
De la Berge, républicain.	42.750
Chollet, républicain.	42.421
Général Boulanger, plébiscitaire. .	12.002

Election de la Côte-d'Or.

Premier tour (26 février 1888)

Inscrits, 113.410.
Votants, 73.478.

MM. : Voix.

Cernesson, radical socialiste. 33.691
Philipot, républicain. 26.251
Général Boulanger, plébiscitaire. . 9.487

Deuxième tour (11 mars 1888)

Inscrits, 113.410.
Votants, 39.543.

MM. Voix.

Cernesson, radical. 32.573
Philipot, républicain. 1.781
Voix perdues. 1.965

On ne saurait dire que dans ce département un député élu par 32.000 voix sur 113.000 électeurs représente la majorité du département.

Election de la Haute-Marne.
(11 mars 1888)

Pas de résultat au premier tour.

Deuxième tour.

Inscrits, 73.576.
Votants, 55.837.

MM.	Voix.
Roret, radical.	28.669
Bourlon de Rouvre, réactionnaire. .	25.291
Divers.	1.711

Election des Bouches-du-Rhône.
(11 mars 1888)

Premier tour (11 mars).

Inscrits, 133.386.
Votants, 45.193.

MM.	Voix.
Félix Pyat, révolutionnaire.	19.636
Lagnel, radical.	14.823
Thourel, radical.	9.166

Deuxième tour (26 mars).

MM.	Voix.
Félix Pyat, révolutionnaire. . (Élu)	40.204
Hervé, orléaniste.	23.638
H. Fouquier, républicain opport. .	12.440

Cette élection très significative est un rare exemple d'augmentation des votants au deuxième tour de scrutin. Il est clair que cela tient à ce que le drapeau monarchiste avait été arboré : le département des Bouches-du-Rhône a versé dans le parti révolutionnaire de peur d'aller à la monarchie et il y a mis de l'empressement.

Élection de l'Aisne.
(8 avril 1888)

Le 25 mars dernier, le premier tour de scrutin n'avait pas donné de résultats: les voix s'étaient réparties comme suit :

MM.	Voix.
Général Boulanger, plébiscitaire.	45.125
Doumer, radical.	26.933
Jacquemart, réactionnaire.	24.753
Carré.	4.576
Langrand, socialiste.	2.411

Aucun candidat n'ayant atteint le chiffre de la majorité absolue qui, pour un total de 104.637 suffrages exprimés, s'élevait à 52.319 voix, il a été nécessaire de procéder à un second tour de scrutin.

Ce second tour de scrutin, qui a eu lieu le 8 du mois d'avril, a donné les résultats suivants:

Electeurs inscrits, 117.324.

Nombre des votants, 92.998.

Bulletins blancs et nuls à déduire, 1.682.

Suffrages exprimés, 91.316.

Ont obtenu :

MM.	Voix.
Doumer (Paul), radical.	42.306
Jacquemart, réactionnaire.	33.485
Général Boulanger . . plébiscitaire.	11.612
Langrand, socialiste.	3.124

M. Doumer a été proclamé député, comme ayant réuni le plus grand nombre de suffrages.

Ici encore le député radical n'est nommé qu'à la majorité relative.

Élection de la Dordogne.
(8 avril 1888)

Résultat au premier tour.

Inscrits, 148.899.

Votants, 100.227.

MM.

Général Boulanger, plébis. . (Élu).	59.535
Clerjounie, radical.	35.759
Taillefer, réactionnaire.	1.639
Divers.	3.154

Élection de l'Aude.
(8 avril 1888)

Pas de résultat au premier tour.

Deuxième tour.

Inscrits, 98.312.

Votants, 36.198.

MM.	Voix
Féroul, radical socialiste.	29.645
Général Boulanger..	4.468

Au premier tour il y avait eu 32.098 votants; avaient obtenu :

MM.	Voix.
Feroul, radical	24.363
Coural, républicain.	18.767
Général Boulanger.	8.440

Cette élection est une de celles qui prêtent le plus aux méditations.

Élection du Nord.

(15 avril 1888).

Résultat au premier tour.

Inscrits, 365.977.

Votants, 268.000

MM.	Voix.
Général Boulanger, plébis. . (Élu).	172.853
Foucart, républicain.	75.718
Moreau, radical socialiste.	9.735
Divers.	2.419

Élection du Nord.
(27 novembre 1887)

Résultat au premier tour.

Inscrits, 356.918.

Votants, 275.713.

MM.   Voix.

Pierre Legrand, républicain. . . .   146.093
Lecomte, républicain. 146.128

Environ 125.000 voix ont été données au candidat réactionnaire le plus favorisé.

Cette élection est celle qui a précédé dans le Nord l'élection du général Boulanger ; le rapprochement devait être fait.

Élection de la Savoie.
(29 avril 1888)

Résultat au premier tour.

Inscrits, 79.410.

Votants, 41.909.

MM.	Voix.
Brunier, républicain.	23.138
Machard, radical	14.500
Divers.	2.420

Cette élection est la seule où le candidat républicain ait eu la majorité.

Ici il est clair que les conservateurs ont voté pour le républicain le plus modéré.

Élection de l'Isère.

(30 avril 1888)

Premier tour.

Inscrits, 164.627.

Votants, 77.616.

MM.	Voix.
Girerd, républicain, ...	38.410
Gaillard, radical.	31.762
Général Boulanger, plébiscitaire. .	4.708

Deuxième tour.

(15 mai 1888)

Inscrits, 164.627.

Votants, 95.919.

MM.	Voix.
Gaillard.	40.260
Girerd.	37.673
Général Boulanger, plébiscitaire. .	11.223

Les monarchistes n'avaient pas présenté de candidat.

Élection de la Dordogne.
(22 juillet 1888)

Inscrits, 146.636.

Votants, 97.732.

Suffrages exprimés, 96.576.

MM.	Voix.
Taillefer, conservateur. . . . (Élu).	49.427
Clerjounie, républicain.	43.099
Général Boulanger.	4.737

Il s'agissait de remplacer M. le général Boulanger, démissionnaire, élu le 8 avril dernier par 59.498 voix, contre 35.745 données à M. Clerjounie, sur 148.321 électeurs inscrits et 100.387 votants.

Le général Boulanger remplaçait M. Lamothe-Pradelle, républicain, élu avec toute la liste républicaine, le 4 octobre 1885, par 60.687 voix.

Élection du Rhône.
(22 juillet 1888).

Inscrits, 182.867.

Votants, 37.755.

M. Chépié, républicain. . . . (Élu). 33.038

Les deux concurrents de M. Chépié, l'un révolutionnaire, l'autre radical, s'étaient désistés pour ce second tour de scrutin.

Jamais on n'a compté autant d'abstentions.

Ainsi les 78.447 électeurs inscrits à Lyon n'ont donné que 16.216 voix à M. Chépié ; dans l'arrondissement de Villefranche, 8.160 électeurs seulement sur 49.091 inscrits ont voté pour le candidat opportuniste, qui n'a été élu que par la sixième partie des électeurs.

Au premier tour de scrutin il y avait eu en chiffre rond 17.000 voix au candidat révolutionnaire socialiste, 6.000 à un candidat local.

Vote de la Chambre des députés
(30 avril 1888)

Ce vote a renversé le ministère Tirard et amené aux affaires le ministère radical actuel.

127 radicaux et républicains d'extrême gauche unis à 141 monarchistes divers ont fait la majorité de 268 voix contre une minorité de 237 républicains de gouvernement.

Députés de la gauche et de l'extrême gauche qui ont voté l'urgence sur la proposition Pelletan. (Revision de la Constitution.)

MM. Abeille, Achard, Andrieux.

Barbe, Barodet, Barré, Basly, Beauquier, Berger (Nièvre), Blatin, Borie, Boullays, Bourneville, Boyer, Brelay, Brialou, Brousse, Brugeilles.

Calvinhac, Camélinat, Carret, Casse (Germain), Cernesson, Chanson, Chantagrel, Chevillon, Clémenceau, Colfavru, Cousset, Crémieux.

Daumas, Delattre, Dellestable, Desmons, Dreyfus, Duchasseint, Ducoudray, Duguyot, Dupuy, Dutailly.

E. Lefèvre.

Farcy, Forest, Franconie, Frébault.

Gaillard (Vaucluse), Galtier, Gaulier, Gilly, Granet.

Héral, Hérédia (de), Hérisson, Hervieu, Hubbard, Hude, Hugues (Clovis), Jouvencel (de), Jullien,

Labordère, Labrousse, Lacôte, Lacretelle (Henri de), Lacroix (Sigismond), Laffon (René), Lafont (Seine), Laguerre, Laisant, Lamazière, Laur, Lasbaysses, Lesage, Lesguiller, Leydet, Lockroy, Loranchet, Le Hérissé, Lanessan (de), Laporte.

Magnin, Maillard, Maret, Mathé (Allier), Mathé (Seine), Maurel (Var), Ménard-Dorian, Mesureur, Michel, Michelin, Millerand, Mortillet (de).

Nadaud (Martin).

Pajot, Pelletan (Camille), Périllier, Périn, (Georges), Peytral, Pichon, Planteau, Pressat, Préveraud, Proal, Prudon.

Ranson, Raspail (Seine), Raspail (Var), Remoiville, Révillon (Tony), Rivière, Roret,

Salis, Saint-Ferréol, Saint-Martin (Vaucluse), Simyan, Susini (de), Steenackers.

Taillandier, Théron, Thiessé, Turigny.

Vacher, Vergoin, Vernhes, Vernières, Vilar.

Wickersheimer.

Yves Guyot.

Députés de la droite qui ont voté l'urgence
de la proposition Pelletan.
(Revision de la Constitution.)

MM.

Aigle (comte de l'), Aillières (d'), Ariste (d'), Arnault, Arnous.

Barascud, Baudry-d'Asson, Bélizal (de), Benazet, Benoist (de), Berger (Maine-et-Loire), Bergerot, Biliais (de la), Bonneval (de), Boreau-Lajanadie, Boscher-Delangle, Boucher, Bourgeois (Vendée), Briet de Rainvillers.

Calvet-Rogniat (de), Caradec, Cazenove de Pradine, Champvallier (de), Chatenay (de), Chevalier, Chevillon, Chevillotte, Chevreau (Léon), Cibiel, Clercq (de), Colbert-Laplace, Cornulier (de), Creuzé.

Daynaud, Dejardin-Verkinder, Delafosse, Dellissé, Desloges, Dompierre d'Hornoy, Dufour (baron), Dufour (Paul) (Indre), Du Bodan, Duchesne (Albert), Dugué de la Fauconnerie.

Eschasseriaux, Estourmel (d').

Fairé, Fauré, Ferrière (de la), Fouquet, Frescheville (de).

Galpin, Garnier Bodéléac, Gaudin, Gaudin de Villaine, Ginoux-Defermon, Godet de la Riboullerie, Granier de Cassagnac.

Harispe, Hermary, Hillion.

Jolibois, Juigné (de).

Kergariou, Kermenguy, Kersauson.

La Bassetière (de), Labat, La Batie (de), Laborde-Noguez, Labourdonnaye (de), Lacretelle (général de), La Ferronnays (de), La Martinière (de), Lamarzelle (de), Lamberterie (de), Lanjuinais (de), Lareinty, Larère. Largentaye (de), Larochefoucauld (duc de), Laroche-Joubert, La Rochette (de), Le Cour, Lefebvre du Prey, Legge (de), Legludic, Lejeune, Léon (prince de), Le Roy (Nord), Lévis-Mirepoix, Lhomel (de), Liais, Lorois (Émile), Lorois (Léon), Luppé (de), Le Provost de Launay.

Mackau (de), Martimprey (de), Martin (d'Auray), Martin (Léon) (Oise), Maynard de la Claye, Mesnildot, Michel, Morel (Nord), Mouchy (de), Mun (de), Murat, Maurice (Léon) (Nord).

Niel.

Ollivier (Auguste), Ornano (Cuneo d').

Pain, Partz (de), Paulmier, Peyrusse. Piou, Plichon, Prax-Paris.

Rauline, Roche (Georges) (Charente-Inférieure), Rosamel (de), Roussin, Roy de Loulay.

Sabouraud, Sarrotte, Saint-Luc (de), Saint-

Martin (de) (Indre), Saisy (de), Sens, Sevaistre, Soland (de), Suquet.

Terves (de), Trubert, Turenne (de).

Valon (de), Vast-Vimeux (baron).

Républicains qui ont voté contre l'ordre du jour d'urgence sur la proposition Pelletan.

(Révision de la Constitution.)

MM.

Allain-Targé, Arène (Emmanuel), Astima, Audiffred, Augère, Aujame.

Baïhaut, Baltet, Barrière, Bastid (Adrien), Belle (Indre-et-Loire), Bernier, Binachon, Blanc (Pierre), Blandin, Boissy-d'Anglas, Borriglione, Boucau (Albert), Bourganel, Bourlier, Bourrillon, Bousquet, Bovier-Lapierre, Bresson, Brice (René), Brisson (Henri), Brugère (Aurélien), Brugnot, Burdeau, Buvignier.

Calès, Camescasse, Casimir Perier (Aube), Casimir-Perier (Paul) (Seine), Cavaignac (Godefroy), Cazauvieilh, Chamberland, Chavanne, Chavoix. Chevandier, Chollet, Christophle, Clauzel, Cochery (Georges), Compayré, Cordier, Corneau, Cornudet, Crozet-Fourneyron.

Dautresme, Deberly, Deguilhem, Delmas, Deluns-Montaud, Derevoge (Thomas), Deschanel (Paul), Develle (Jules), Dorian, Dubost

(Antonin), Duchatel (comte), Ducher (Claude), Ducroz, Dupuy (Charles) (Haute-Loire), Dureau de Vaulcomte, Duval (César), Duvaux, Duvivier.

Escande (Georges), Etienne.

Fagot, Fallières, Faure (Félix) (Seine-Inférieure), Faure (Fernand) (Gironde), Faure (Hippolyte (Marne), Ferry (Albert), Ferry (Jules), Flourens, Folliet, Fonbelle, Fougeirol.

Gadaud, Gaillard (Gilbert) (Puy-de-Dôme), Ganault, Gasconi, Gastellier, Gerville-Réache, Gévelot, Giguet, Gilbert, Gillet. Goblet (René), Gobron, Goirand, Gomot, Grimaud, Gros (Jules), Guillaumou, Guillemaut, Guillot (Louis), Guyot (Paul) (Marne), Guyot-Dessaigne.

Hanotaux, Horteur, Houdaille, Hovius, Humbert (Frédéric), Hurard.

Imbert (Loire).

Jacquemart, Jacquier, Jametel, Javal, Joigneaux. Joubert, Jouffrault, Jumel.

La Batut (de), La Berge (Albert de), Labussière, Lagrange, Lalande, La Porte (de) (Deux-Sèvres), Laroze (Alfred), Laroze (Léon). Laurençon, Lavergne (Bernard), Laville, Lechevallier, Lecomte (Maxime), Lefebvre (Seine-et-Marne), Lefèvre-Pontalis, Le Gavrian, Léglise, Legrand (Pierre), Le Gury,

Lepoutre (Auguste), Leroy (Arthur) (Côte-d'Or), Lesouef, Letellier, Lévêque, Levet (Georges), Levrey, Leygues, Lombard(Isère), Loustalot, Lyonnais.

Madier de Montjau, Mahy (de), Marmonier (Henri), Marquiset, Martin-Feuillée, Marty, Maunoury, Méline, Mellot, Mennesson, Mercier, Mérillon, Mézières, Michou, Milliard, Million (Louis), Milochau, Mondenard (de), Montaut (Seine-et-Marne), Munier.

Neveux, Noblot, Noël-Parfait.

Obissier Saint-Martin, Ordinaire (Dionys).

Paillard-Ducléré, Papon, Passy (Frédéric). (Seine), Passy (Louis) (Eure), Pelisse, Pesson (Albert), Philipon, Pierre-Alype, Pinault, Pochon, Poincaré, Ponlevoy (Frogier de), Pons-Tande, Prévet, Proust (Antonin),

Rabier, Raynal, Récipon, Rey (Aristide). Ribot, Ricard (Georges), (Deux-Sèvres), Rigaut, Riotteau, Rivet (Gustave), Roche (Jules) (Savoie), Rochet, Rodat, Rondeleux, Roure, Rouvier, Royer, Rumillet-Charretier.

Sabatier, Saint-Prix, Saint-Romme, Sandrique, Sarlat, Sarrien, Sentenac, Siegfried, Simonnet, Sonnier (de), Soubeyran (baron de), Sourigues, Spuller, Steeg.

Tassin, Thévenet, Thomson, Tondu, Treille (Alcide), Trouard-Riolle, Trystram, Turquet, Turrel (Adolphe).

Versigny, Vielfaure, Viger, Vignancour, Viox, Vitry.

Waddington (Richard), Waldeck-Rous-seau.

N'ont pas pris part au vote :

MM.

Barouille, Baucarne-Leroux, Bigot, Biza-relli, Blin de Bourdon (vicomte), Bourgeois (Jura), Breteuil (de).

Carron, Cazeaux, Ceccaldi, Charonnal, Constans.

Deproge, Descaure, Douville-Maillefeu (comte de), Dubois.

Féraud, Floquet (Charles), Freppel.

Gagneur, Gérard (baron), Germain.

Jamais (Emile), Jaurès, Jonglez.

Keller.

Leblanc, Le Roux (Paul).

Maillé (comte de), Maurice-Faure (Drôme), Merlet, Monis.

Plazanet (colonel de), Poupin, Pyat (Félix).

Reille (baron), Renard (Léon), Reybert. Richard (Drôme), Rotours (baron des).

Soucaze.

Thellier de Poncheville.

Vaujuas-Langan (marquis de), Viellard (Armand), Viette. Villeneuve.

Wilson, Witt (Conrad de).

Absents par congé :

MM.

Ballue, Bernard (Doubs), Bourgeois (Léon) (Marne), Bouvatier, Boysset, Cavalié, Deandreis, Deniau, Dethou, Devade, Gaussorgues, Jourdan (Louis), La Forge (Anatole de), Lascombes, Lasserre, Levert, Montéty (de), Pernolet, Pradon, Razimbaud, Roque (de Fillol), Serph (Gusman), Theulier, Thiers.

De l'étude de ce scrutin, il résulte que pour obéir aux règles du gouvernement parlementaire, il eût fallu prendre quatre ministres dans les droites de la Chambre et quatre dans l'extrême gauche.

Le principe du droit de la majorité des assemblées n'a pas été observé, et cela demeurera un des arguments contre les procédés parlementaires des assemblées républicaines. Au demeurant cela a été une incorrection au point de vue de la lettre du principe parlementaire : de là sont nés nos embarras.

Il fallait faire un ministère de droite et d'extrême gauche ou dissoudre le Parlement.

Imp. de la Soc. de Typ.— Noizette, 8, r. Campagne-Première.